Francesco Occhetta

Carlo Acutis

A vida além dos limites

Paulinas

Dados Internacionais de Catalogação na Publicação (CIP)
(Câmara Brasileira do Livro, SP, Brasil)

Occhetta, Francesco
  Carlo Acutis : a vida além dos limites / Francesco Occhetta ; [tradução Adriana Zuchetto]. – São Paulo : Paulinas, 2018. – (Coleção mensageiros do amor)

  Título original: Carlo Acutis : la vita oltre ilconfine
  ISBN 978-85-356-4388-6

  1. Acutis, Carlo, 1991-2006 2. Adolescentes - Biografia 3. Adolescentes - Vida religiosa - Igreja Católica 4. Espiritualidade 5. Testemunhos (Cristianismo) 6. Vida cristã I. Título. II. Série.

  18-13507   CDD-248.5

Índices para catálogo sistemático:
1. Adolescentes : Testemunhos de vida : Vida cristã : Cristianismo   248.5

Título original da obra: *Carlo Acutis: la vita oltre il confine*
© 2013 Editrice Velar – 24020 Gorle (Bg)

1ª edição – 2018
8ª reimpressão – 2025

Direção-geral:	Flávia Reginatto
Editora responsável:	Andréia Schweitzer
Tradução:	Adriana Zuchetto
Copidesque:	Simone Rezende
Coordenação de revisão:	Marina Mendonça
Revisão:	Sandra Sinzato
Gerente de produção:	Felício Calegaro Neto
Diagramação:	Jéssica Diniz Souza
Fotos:	Associazione Amici di Carlo Acutis

Nenhuma parte desta obra poderá ser reproduzida ou transmitida por qualquer forma e/ou quaisquer meios (eletrônico ou mecânico, incluindo fotocópia e gravação) ou arquivada em qualquer sistema ou banco de dados sem permissão escrita da Editora. Direitos reservados.

Cadastre-se e receba nossas informações
paulinas.com.br
Telemarketing e SAC: 0800-7010081

Paulinas
Rua Dona Inácia Uchoa, 62
04110-020 – São Paulo – SP (Brasil)
📞 (11) 2125-3500
✉ editora@paulinas.com.br
© Pia Sociedade Filhas de São Paulo – São Paulo, 2018

Introdução
Um sinal de esperança

Diante da morte, a esperança de cada pessoa é colocada à prova. Não somente: quando se trata de uma doença e da morte de um jovem, a própria vida humana parece oscilar sobre o vértice da incompreensibilidade. E, no entanto, existem testemunhos que penetram a escuridão da razão como um raio de sol e aquecem o coração de quem deixou de ter esperança. A vida de Carlo Acutis é um desses raios de sol. Aliás, foi como a luz de um raio numa noite de verão que venceu a escuridão dos medos e da falta de sentido e nos permite ver o que existe realmente além da noite da vida.

Carlo adoece aos 15 anos, nos primeiros dias de outubro de 2006. Tudo fazia pensar em uma gripe, mas, depois de ter feito os exames clínicos, os médicos pronunciaram o diagnóstico: "É uma leucemia fulminante". Em 12 de outubro, o dia em que se venera Maria, a mãe do Senhor, Carlo deixa este mundo. O seu corpo foi velado por uma peregrinação contínua de pessoas que o conheceram. Muitas pessoas participaram da missa das exéquias. Os próprios pais dizem que, além da dor lancinante, que somente quem dá a vida pode compreender, sentiram uma paz que sinalizava não "um fim", mas "um con-fim" a ser vivido com o filho Carlo. Mas há mais. A partir do momento em que Carlo deixa este mundo não param de chegar testemunhos, histórias, recordações e e-mails de muitas partes do mundo com um denominador comum: para aqueles que o conheceram, Carlo continua a viver além dos limites da vida. Bastaria digitar "Carlo Acutis" num site de pesquisa para constatar que existem inúmeros sites e blogs em diversas línguas falando dele. Em seus perfis nas redes sociais há milhares de inscritos e os sites dedicados a ele já receberam milhões de visitas. Ou seja, estamos diante de milhares de sinais que, até para os mais céticos, fazem pensar numa vida que vai além dos limites da própria vida.

O extraordinário no ordinário

Muitos jovens podem espelhar-se na vida de Carlo. Ele ensina a dar sentido às palavras amor, dor, alegria, sofrimento, morte e vida eterna.

Vamos avisar logo. As linhas que seguem não são um elogio a um jovem *superman*. Contaremos alguns detalhes, que foram recolhidos como peças de um quebra-cabeça em diversas fontes, desconhecidas entre si. São apenas algumas pinceladas de cor dos quinze breves anos de um adolescente comum, no qual tantos outros podem espelhar-se. Para todos, um aspecto é claro: justamente porque viveu uma vida normal, Carlo deixou vestígios em muitos corações e isso continua a "provocar-nos" para "sairmos de nós mesmos" e da nossa segurança e encontrá-lo sem preconceitos e medos. O seu pároco, Padre Gianfranco

Poma, disse dele: "Era um jovem absolutamente normal, mas com uma harmonia absolutamente especial".

A vida pode ser breve, e é frágil para todos, mas a de Carlo foi vivida na sua plenitude, sem ser desperdiçada. Por esse motivo repetia: "Todos nascem como originais, mas muitos morrem como fotocópias". É um convite a não desperdiçar a vida e procurar a verdadeira felicidade: "A tristeza – dizia – é o olhar voltado a si mesmo, a felicidade é o olhar voltado para Deus".

Diante da herança da vida de Carlo podemos perguntar: o que significavam para ele as palavras amor, dor, alegria, sofrimento? Perguntas que nos levam a refletir sobre o que é para nós a morte e porque um jovem morre. Nas palavras de Paulo VI aos jovens, na mensagem da conclusão do Concílio (7 de dezembro de 1965), parece reencontrar os traços da sua vida: "Refutar o livre curso dos instintos da violência e do ódio, que geram as guerras e o seu triste cortejo de misérias. Sejam generosos, puros, respeitosos, sinceros. E construam no entusiasmo um mundo melhor do que o atual!".

Encontro de jovens em Roma por ocasião de uma Jornada Mundial da Juventude. Também em situações como esta, se formos pessoas de esperança, perceberemos como Deus age também no coração das jovens gerações.

O caminho de Carlo

Carlo numa trilha entre os bosques do Santuário Franciscano de Verna, na província de Arezzo.

Caravaggio, **Narciso.** *Roma, Museu Nacional de Arte Antiga.*

Carlo escolhe percorrer a viagem da sua vida como homem bíblico. Poderia escolher outros caminhos, talvez mais na moda e passageiros, mas não o fez. Segue a máxima

do mito da informática, Steve Jobs: "É somente dizendo 'não' que você pode concentrar-se nas coisas verdadeiramente importantes". Por suas origens e capacidades, Carlo poderia escolher seguir como o mítico Narciso, que por sua vaidade e insensibilidade se enamora de si mesmo e se petrifica. É o risco que se corre enquanto se torna homem. Pensar somente em si mesmo sem pensar nos outros nem em Deus.

Pelos meios que tinha à disposição, Carlo poderia imitar a viagem de Ícaro, que desafia Deus voando em direção do sol. Fugir de Creta não era uma coisa muito fácil. Mas Ícaro escolhe voar como seu pai Dédalo, a quem porém desobedece, e voa direto rumo ao sol, inebriado pela velocidade das suas grandes asas. É o caminho de quem pensa que em vez de obedecer (*ob-audire*, escutar) é melhor desafiar a Deus e suas leis.

Ícaro, filho de Dédalo.

O caráter tenaz e genial de Carlo poderia fazê-lo empreender uma viagem como aquela de Ulisses, que luta contra um destino difícil e vence muitas provas. Carlo, porém, não escolhe partir e retornar a sua Ítaca, isto é, ao lugar de onde havia partido. Escolhe o cami-

Ulisses, de Ítaca.

József Molnár, **A viagem de Abraão.** *Hungria, Museu Nacional.*

nho de Abraão, aquele que prefere obedecer ao comando de sair da própria terra e seguir para onde Deus o conduzia. É o caminho dos apóstolos que são chamados a seguir a Cristo até Jerusalém.

Na última ceia Jesus institui o sacramento da Eucaristia, sacramento por excelência do amor de Deus, no qual há dois mil anos Cristo continua a doar-se por amor às pessoas, fazendo-se comida e bebida. Na Eucaristia, Deus se torna realmente presente com o seu corpo, o seu sangue, a sua alma e a sua divindade, e para Carlo este mistério sempre foi motivo de infinita alegria. "Como é possível ficar triste tendo Deus sempre presente conosco? No fundo – dizia Carlo – nós somos mais afortunados do que os discípulos que viveram no tempo de Jesus, podemos sempre encontrar Jesus em pessoa, basta ir até a Igreja mais próxima. Nós temos Jerusalém perto de casa."

Diego Velázques, **Cristo Crucificado.** *Madri, Museu do Prado.*

Carlo não deixa de continuar nem mesmo quando o seu corpo é marcado pela doença. Ele já havia pressentido: "Morrerei jovem". Mas não para. Nutre-se da Eucaristia e se alimenta com o Senhor para poder estar com ele e como ele. Neste caminho experimenta o pri-

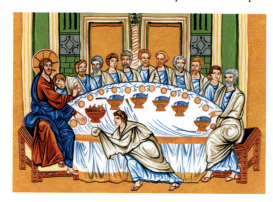

meiro dever do amor, o de estar com o amado também quando chega a noite. E o Senhor permanece com Carlo. Fiel na sua aliança, até o momento da sua morte. Foi o que compreen-

Carlo Acutis

deram muitos jovens que não o conheceram pessoalmente. À pergunta: "O que mais o impressiona da vida de Carlo?", um jovem escreve no Facebook: "A sua extrema humildade; Carlo era de família rica e nada o impediria de viver de modo confortável, o que poderia levá-lo a desenvolver um senso de soberba, de sentir-se o primeiro... no entanto, manteve sempre aquele estilo de vida e de pensamento 'pobre'... sempre aberto aos últimos, altruísta a quem quer que fosse, e isso não é pouco no nosso atual 'planeta' [...]. Sinto Carlo muito próximo em muitas das minhas necessidades e carências, sejam materiais, sejam espirituais... talvez porque sendo jovem, como eu e tantos outros, está muito perto das exigências e das problemáticas de quem tem a mesma idade?".

O seu mundo espiritual parece pertencer a outros tempos: devoção ao Coração de Jesus e a Maria; o culto dos anjos e dos santos, sobretudo São Francisco de Assis e Santo Antônio de Pádua. Guardava em seu coração particularmente a fidelidade ao Papa e à Igreja.

Da exposição de Carlo. Em Alatri, na Catedral de São Paulo, conserva-se a relíquia do milagre acontecido em 1228. O milagre foi descrito e confirmado pelo Papa Gregório IX na bula "Fraternitas tuae".

Uma das páginas de Carlo Acutis no Facebook.

Alguns traços da vida de Carlo

Igreja de Nossa Senhora das Dores.

O pequeno Carlo.

Vista da Praça Tommaseo, diante do Instituto das Marcelinas, onde Carlo estudou. Aqui costumava jogar bola com seus amigos depois das aulas.

Carlo nasce em Londres no dia 3 de maio de 1991 e é batizado no dia 18 de maio na Igreja de Nossa Senhora das Dores. Cresce num contexto familiar sereno e confortável. Por razões de trabalho, em setembro de 1991 a família se transfere para Milão e a sua paróquia se torna a de Santa Maria Segreta. Carlo frequenta a escola de educação infantil e fundamental das Irmãs Marcelinas da Praça Tommaseo em Milão. É lembrado como um menino vivaz e sociável. Como todas as crianças, nem sempre chega preparado, se distrai durante as aulas mais enfadonhas, esforça-se para encontrar os argumentos mais originais. As testemunhas que o acompanharam nesses anos lembram-se dele por uma característica: se faz próximo e é generoso.

Em 2005, Carlo se inscreve no Liceu Clássico "Leão XIII", dos Jesuítas. Queria frequentar o liceu científico, mas seus pais o convenceram a frequentar o liceu clássico. Conclui a educação secundária média com distinção, mas é durante o ginásio que Carlo realiza alguns grandes projetos. Causa muita admiração a sua capacidade de compreender os segredos que a informática esconde e que são normalmente acessíveis somente àqueles que concluíram estudos universitários especializados: programa computadores, monta filmes, cria sites, cuida da redação e da diagramação de jornaizinhos. São de Steve Jobs alguns ensinamentos que Carlo toma para si: "O seu tempo é limitado, por isso não o desperdice vivendo a vida de qualquer outra pessoa [...]. Ser o homem mais rico do cemitério não me interessa... ir para a cama à noite dizendo que fizemos algo fantástico... é isto que me interessa".

Durante o outono de 2004 amadurece a escolha do serviço: aceita tornar-se vice-catequista nos cursos de preparação à Crisma e depois

Liceu Leão XIII.

Carlo com Rajesh no dia da Crisma.

A paróquia de Carlo, Santa Maria Segreta.

Nesta e nas páginas seguintes, um pequeno "álbum fotográfico" da infância de Carlo.

se empenha no desenvolvimento e na atualização dos sites da internet da sua paróquia e da escola, nas quais promove a realização dos spots de muitas classes para o projeto de voluntariado no âmbito de um concurso nacional.

O Secretário da Pontifícia Academia *Cultorum Martyrum*, Pier Luigi Imbrighi, escreve: "Utilizava os modernos meios da tecnologia da informação e comunicação do qual era um extraordinário conhecedor, ajudando-nos com grande disponibilidade e dedicação na criação do nosso site no portal do Vaticano na internet". Um jovem engenheiro de computação que recebeu a colaboração de Carlo o recorda pelo modo como utilizava a internet (como meio para fazer o bem) e como partilhava os seus conhecimentos com todos aqueles que lhe pediam ajuda.

Quando um dos padres jesuítas propõe à sua classe para participar da CVX (Comunidade de Vida Cristã), Carlo levanta a mão e diz: "Eu me interesso por esse itinerário evangélico que o senhor propõe". É o único de sua classe a responder. No liceu deixa uma

Carlo com a sua cachorrinha Clara.

grande recordação. Os seus colegas de escola não o esquecem, alguns deles criaram páginas dedicadas a Carlo no *Facebook*.

Lembram-se dele como corajoso e livre, capaz de fazer brincadeiras e sorrir, mas também de controlar-se, evitando ofender e ser vulgar com as meninas. Deixava admirados seus amigos por guardar uma virtude "fora de moda", a pureza, e um sereno rigor na vida moral. O seu professor de religião do ginásio lembra que durante uma discussão em classe sobre o tema do aborto, Carlo foi o único a opor-se. E ainda mais. Convencia suas amigas a não banalizarem o corpo, recordando-lhes que é o "templo do Espírito Santo". Chegava mesmo a advertir os seus amigos para que, ao utilizarem a internet, não caíssem nas armadilhas dos sites pornográficos que "hipnotizam" e tornam os adolescentes dependentes. São os anos durante os quais fala a seus companheiros da importância da vontade e da capacidade de dominá-la.

Seu pai disse a respeito dele: "A docilidade ao Senhor não se pode alcançar sem se treinar

Carlo numa trilha de montanha, sua grande paixão.

Carlo, amante de esportes.

"*A tristeza é o olhar voltado para si mesmo, a felicidade é o olhar voltado para Deus.*"

Carlo Acutis

na docilidade aos próprios superiores legítimos. Nisso, Carlo se beneficiava de uma graça muito especial. De fato, desde criança, quando o repreendia por algum motivo, logo se mostrava obediente e submisso, sem nenhum rancor, e isso apesar de ter uma personalidade forte e vivíssima. Quem conheceu Carlo sempre notou nele uma particular harmonia no seu modo de comportar-se com o próximo. Quantas vezes ouvimos a frase 'Carlo é um menino especial'! Possuía um dom particular de simpatia, mas apenas essa atitude não explica a marca que deixou em tantos corações. Como nas artes humanas a excelência se conquista através de duros e longos sacrifícios, do mesmo modo no campo espiritual não se consegue 'elevar-se' senão através da constância nas práticas da fé. Em Carlo – continua o pai – se podia admirar

uma contínua e sempre renovada orientação da vontade para o bem. Isso era possível graças ao seu abandono no Senhor. Os seus segredos eram uma firme e sempre renovada vontade de colocar Deus em primeiro lugar e o recurso constante aos tesouros administrados pela Igreja: a Eucaristia e a Confissão. Isso resultava

> *"Todos nascem originais, mas muitos morrem como fotocópias."*
> Carlo Acutis

numa personalidade harmoniosa que irradiava uma grande serenidade. Aquilo que com frequência se faz de modo artificial, por convenção social, Carlo o fazia naturalmente, guiado pelo Senhor. Assim, gestos aparentemente banais, como um bom-dia que repetimos com frequência sem dar importância, em Carlo tornavam-se flechas de caridade que tocavam os corações".

Carlo repete muitas vezes: "As pessoas se preocupam tanto com a beleza do próprio corpo e não se preocupam com a beleza da alma". Tornamo-nos belos por fora quando somos belos por dentro, como diria Santo Agostinho: "Quanto mais cresce em ti o amor, maior será a tua beleza; a caridade é certamente a beleza da alma". Viver em Deus não é impossível, antes "a conversão – diz Carlo – não é nada além de olhar para cima em vez de para baixo; basta um simples movimento dos olhos".

Curiosamente, a frase do Evangelho que o motiva é a mesma que muda a vida de São

Esteban Murillo, **São Francisco Xavier** *em êxtase.* *Hartford (Connecticut, USA), Wadsworth Atheneum.*

James Tissot, **Jesus Mestre.** *Nova York, Brooklyn Museum.*

"Se o grão de trigo que cai na terra não morre, fica só. Mas, se morre, produz muito fruto."

João 12,24

Francisco Xavier, padroeiro das missões: "De que adianta a alguém ganhar o mundo inteiro, se vier a perder-se e a arruinar a si mesmo?" (Lc 9,25). Eis o que dizia Carlo: "O que adianta uma pessoa vencer mil batalhas se depois não for capaz de vencer a si mesma e a suas próprias paixões corruptas?", e ainda: "Não o amor próprio, mas a glória de Deus".

Padre Roberto Gazzaniga, animador espiritual dos liceus e encarregado da pastoral escolar do Instituto Leão XIII, no tempo de Carlo, o recorda como exemplo na biografia escrita por Nicola Gori. "Quantas vezes como padre e responsável pela pastoral da juventude exultei ao ver e ouvir Carlo, [quando me dava conta] do seu influxo positivo nos seus companheiros [...]. Mais ainda agora, que é como a semente que entrou na terra para produzir fruto de vida.

Poderíamos indicá-lo e dizer: eis um jovem e um cristão feliz e autêntico. Carlo é um dom, o seu nome é pronunciado com respeito e saudade. Carlo está conosco e ao mesmo tempo nos faz falta". Sente-se que falta aquela sua coragem ao defender as razões do seu crer, mesmo quando era incompreendido.

Ajudava imigrantes, mendigos, pessoas com deficiência, idosos, crianças. Preocupava-se com os amigos cujos pais estavam se separando e os convidava a irem à sua casa para dar apoio; na classe defendia aqueles que tinham mais dificuldade para se integrar. Em mais de uma ocasião defendeu alunos com deficiência que eram ridicularizados pelos colegas.

"O que adianta uma pessoa vencer mil batalhas se depois não for capaz de vencer a si mesma e a suas próprias paixões corruptas?"
Carlo Acutis

Também o "histórico" porteiro da escola dos Jesuítas recorda a fineza de Carlo, que sempre ia cumprimentá-lo, se pela manhã houvesse entrado por uma porta secundária. Os colegas que o recordam realçam que o seu testemunho de fé era contagiante também para a vida deles. De fato, um deles afirma: "Depois da morte de Carlo eu me reaproximei da Igreja e acho que isso é mérito de uma intercessão de Carlo".

Carlo e seus amados animais.

Da exposição de Carlo. A relíquia deste milagre eucarístico pode ser venerada ainda hoje na Espanha, no Mosteiro Real do Escorial.

Carlo gosta de animais: tem dois gatos, quatro cães e muitos peixes vermelhos; seu computador está repleto de fotos deles. Seu amor pela criação se exprime em uma particular sensibilidade ecológica: sempre que o levam ao parque recolhe os papeluchos, característica que Michele (um dos gêmeos que agora tem quase dois anos) herdou do irmão Carlo. Manter limpo o ambiente que habitamos e cuidar da criação é outro segredo de Carlo para viver em harmonia.

Ele gosta de pipas e de desenhos animados, de filmes e jogos eletrônicos. Ama os personagens da série Pokémon; é craque no PlayStation; ama especialmente os filmes de ação e desafia os concorrentes nos programas de perguntas e respostas da TV. Coloca o que conhe-

Carlo no terraço da casa dos avós paternos, em Santa Margherita Ligure.

cia de tecnologia a serviço de sua vida interior. Um exemplo? Em seu computador instala um programa para "recitar o Rosário".

Poucos dias antes de morrer, com orgulho, mostra o slogan que criou para participar do concurso nacional "Voluntário você será!". Uma frase simples que, porém, recorda o valor absoluto do Evangelho, que não é defender a própria vida, mas dar a vida pelos amigos (cf. Jo 15,13).

Eis a escolha feita em seu coração: "Não eu, mas Deus", dizia Carlo, que para revolucionar a sua vida acrescentou a letra "D" diante do próprio "eu".

"A Eucaristia é a minha autoestrada para o céu"

"Ó Senhor, nosso Deus, como é glorioso teu nome em toda a terra! Quando olho para o teu céu, obra de tuas mãos, vejo a lua e as estrelas que criaste: que coisa é o ser humano, para dele te lembrares, o filho do homem, para o visitares?"
Salmo 8

Pe. Macchi com a Madre M. Candida.

Para um jovem, a força da vida está contida nos seus desejos, que é a capacidade de ir "além das estrelas" para realizar o próprio sonho. Também Carlo é movido por um grande desejo: ir "além das estrelas" para estar com Jesus e participar já da sua eternidade. Trata-se de um desejo comum a muitos jovens que, com frequência porém, costuma ser sufocado pela vergonha e pela moda. Carlo, ao contrário, defende o seu desejo e para realizá-lo faz escolhas concretas. O sinal mais eloquente é o de querer antecipar a sua primeira Comunhão. Tornou-se famosa a sua frase: "A Eucaristia é a minha autoestrada para o céu!". No encontro com o Corpo de Cristo reconhecia o rumo ao qual orientar seus desejos. É a estrada que inclui a meta. Carlo não diz o porquê, mas o sente no coração e isso lhe basta. Que o desejo da Eucaristia não era um capricho o intuiu o bispo, Dom Pasquale Macchi, que foi secretário pessoal de Paulo VI, e garantiu pessoalmente a sua maturidade e a sua formação cristã como condição para antecipar a sua primeira Comunhão. Com uma recomendação, porém. O bispo aconselha a família a celebrar o sacramento em um lugar adequado para privilegiar o recolhimento interior e evitar as distrações da festa. Assim, terça-feira, 16 de junho de 1998, aos 7 anos, Carlo recebe pela primeira vez o Corpo de Cristo, no Mosteiro de Bernaga, em Perego. É um dos "lugares de silêncio" da sua terra, situado sobre um monte no qual cada palavra que se ouve adquire

significados particulares, como aquelas que Carlo lê antes da celebração, quando atravessa o átrio do convento das Monjas Eremitas Ambrosianas, onde se encontra pintada a frase da fundadora Madre Maria Candida Casero: "Deus me basta". A partir daquele momento, também para ele bastará. Passarão oito anos – o número 8 para o Novo Testamento é o dia da ressurreição –, até que Carlo viva a sua Páscoa, a festa da "grande emigração" como escrevia Fílon de Alexandria.

Segundo os escritos e as reflexões de Carlo, a Eucaristia é antes de tudo o "sacrifício" de Deus em favor do ser humano. Uma convicção que o leva a ver o mundo com os olhos de Deus: se a vitória parece ser sempre do mais

Carlo no dia da primeira Comunhão.

Vista do alto do Mosteiro de Bernaga.

Peça da exposição de Carlo. Milagre da Eucaristia ocorrido em Bois-Seigneur- -Isaac, na Bélgica. A hóstia consagrada ensanguentou e manchou o Corporal da Missa.

"A Eucaristia é a minha autoestrada para o céu."

Carlo Acutis

*Da exposição de Carlo.
Em Ludbreg, na Croácia, em 1411, durante a Missa, o sacerdote duvidou que nas espécies eucarísticas consagradas estivessem verdadeiramente presentes o Corpo e o Sangue de Cristo.
Logo depois da consagração do vinho, este se transformou em sangue.*

prepotente e do mais armado, para Carlo a Eucaristia faz nascer homens e mulheres novos, que têm a força de dar a vida também a quem lhes dá a morte; de servir e não ser servido; de vencer o mal do mundo, carregando-o nos próprios ombros.

Seu amor pela Eucaristia pode ser expresso em uma frase: "Quanto mais Eucaristia recebermos, mais nos tornaremos semelhantes a Jesus e já nesta terra anteciparemos o Paraíso".

A Eucaristia, que significa "agradecimento", para Carlo tem dois significados: o da comunhão e o da adoração. Através da adoração, Carlo vive uma dimensão afetiva importante:

A vida de Carlo como exemplo de vida para os jovens.

silêncio e palavra, escuta e amizade, mistério silencioso e percepção profunda de Deus. Carlo não inventa nada, descobre a força da Eucaristia permanecendo todos os dias na igreja, fazendo adoração. Pode parecer um ato de devoção ultrapassado, no entanto, parece dizer aos seus coetâneos: "Façam como eu" e verão os resultados!

O verbo "adorar", que literalmente significa "levar à boca" para beijar, o ajuda a viver a mais profunda comunhão com Deus. Assim a força que Carlo irradia, começando pelo seu sorriso, nasce da capacidade de viver daquilo que adora. Com Deus no seu coração, e ele no coração de Deus, nos ensina que podemos nos tornar um só.

"Cada comunhão nos aproxima da meta da santidade."
Carlo Acutis

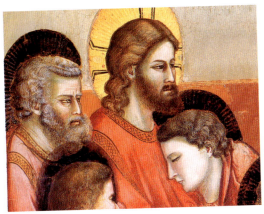

Giotto, **A última Ceia** *(detalhe). Pádua, Capela Scrovegni.*

"... o Rei lhes responderá: 'Em verdade, vos digo: todas as vezes que fizestes isso a um destes mais pequenos, que são meus irmãos, foi a mim que o fizestes!'"
Mateus 25,40

A própria força da adoração faz Carlo compreender que o corpo de Cristo, além de estar na Eucaristia, está nas pessoas que amamos: pobres, pequenos, estrangeiros, doentes, idosos, pessoas com deficiência, solitárias. Para Carlo, dar esmolas e ajudar quem precisa nasce da capacidade de adorar. O dinheiro que poupa oferece aos pobres, aos idosos, às irmãs de clausura, aos sacerdotes, aos imigrantes. Carlo leva uma convicção no coração: "Vai direto ao Paraíso quem recebe a Eucaristia todos os dias".

Bassano,
O bom samaritano.
Viena, Museu de Belas Artes.

Segundo Dom Ennio Apeciti, responsável pelo Serviço para as Causas dos Santos da diocese de Milão, Carlo "nos provoca a amar a Eucaristia, como ele amou; a sermos devotos de Nossa Senhora, como ele foi; a amar a Igreja, como ele amou".

Carlo em Fátima.

Na sua espiritualidade se entrelaçam elementos de mística e de ascese, de comunhão e de contemplação. Na festa de *Corpus Christi* de junho de 2012, o Papa Bento XVI explicou por que "comunhão e contemplação não podem separar-se". Você realmente se comunica com Jesus como o faz com outra pessoa: "Devo conhecê-la, saber estar em silêncio perto dela, escutá-la, olhar para ela com amor". Portanto, se falta esta dimensão que

"Porque as pessoas se preocupam tanto com a beleza do próprio corpo e não se preocupam com a beleza da própria alma?"

Carlo Acutis

Carlo se entristecia muito ao ver que tanta gente é capaz de fazer filas intermináveis para assistir a um show de rock e não é capaz de permanecer diante do sacrário, sede do Deus vivente, a quem devemos a nossa existência, nem mesmo por alguns segundos.

encontramos na adoração eucarística, "também a própria comunhão sacramental – acrescenta o Papa – pode tornar-se, da nossa parte, um gesto superficial. Ao contrário, na verdadeira comunhão, preparada no colóquio da oração e da vida, nós podemos falar ao Senhor em confidência".

A mãe conta que Carlo se perguntava com frequência como tanta gente podia fazer filas intermináveis para assistir a eventos como um show de rock e, mesmo sendo católicos, jamais encontravam tempo para permanecer alguns segundos em silêncio diante do sacrário, onde está o Deus vivente a quem devemos a nossa existência. A adoração, no entanto, produz seus frutos invisíveis, que são aqueles que Carlo experimenta e que o Apóstolo Paulo elenca nas suas cartas: alegria, paz, serenidade, autodomínio, discernimento, não ter medo da morte, viver uma vida para os outros.

A adoração o torna um companheiro de Jesus. Vive a essência da espiritualidade jesuí-

tica cujo símbolo é o nome de Jesus gravado na hóstia.

A igreja que mais representa a sua espiritualidade é a de Jesus de Roma, a igreja mãe da Companhia de Jesus. Nesse espaço litúrgico se encontram as grandes referências nas quais se fundamenta a fé de Carlo: a grande hóstia central com as iniciais IHS – *Iesus Hominum Salvator* (Jesus Salvador dos Homens); o sentido teológico da nave central, pintada por Baciccia, na qual céu e terra se entrelaçam; o quadro original do Sagrado Coração, descrito por Margarida Maria Alacoque, de quem Carlo era devoto. A oração ao coração de Jesus era a que Carlo rezava: "Coração divino de Jesus, eu te ofereço por meio do Coração imaculado de

Da exposição de Carlo. Na Quinta-feira Santa de 1417, em Erding, na Alemanha, um camponês roubou uma hóstia consagrada que durante o caminho lhe caiu das mãos. Foi somente graças à intervenção do Bispo que se conseguiu recuperá-la. Naquele lugar foi logo edificada uma capela. Muitas foram as curas e os prodígios atribuídos à veneração desse milagre.

A pintura original do "Sagrado Coração de Jesus".

Rembrandt, **Volta do filho pródigo.** *São Petersburgo, Museu Hermitage.*

Maria, mãe da Igreja, em união ao sacrifício eucarístico, as orações e as ações, as alegrias e os sofrimentos deste dia: em reparação dos pecados, pela salvação de todas as pessoas, na graça do Espírito Santo, para a glória de Deus Pai".

Carlo é fiel também ao sacramento da Reconciliação. Ele se confessa para valorizar o bem que se cumpre e reconhecer o mal que se torna um obstáculo. Conhece o ensinamento do Apóstolo Paulo: o mal se vence com o bem. A confissão semanal se torna para Carlo uma espécie de exercício espiritual em que, cada vez, faz um propósito para caminhar mais livre: corrigir um defeito ou fazer crescer uma virtude particular etc. Dizia: "O menor defeito nos mantém ancorados na terra, do mesmo modo que as bexigas não sobem por causa do fio que seguramos na mão". É plena de verdade e beleza uma imagem sua: "O balão, para subir ao alto, precisa descarregar os pesos, assim como a alma, para elevar-se ao céu, precisa desfazer-se dos pequenos pesos que são os pecados veniais".

"A alma, para elevar-se a Deus, necessita desfazer-se também dos pesos menores."

Carlo Acutis

O Apóstolo João, ícone de vida para Carlo

Se tivéssemos que escolher uma única imagem do Evangelho, a quem Carlo esteve particularmente ligado, é a do Apóstolo João, o discípulo predileto, que inclina sua cabeça sobre o coração de Jesus durante a última Ceia. Enquanto os outros discípulos discutem

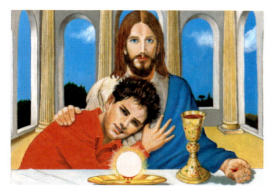

sobre quem seria o maior, João é aquele que diz "quero estar contigo" e recosta a cabeça no peito de Jesus.

Carlo via neste gesto uma prefiguração do chamado universal de todas as pessoas a se tornarem também "discípulas prediletas" do Senhor, através de uma intensa vida eucarística. O coração, de fato, é o símbolo do centro da pessoa e do amor, por isso Carlo amava recordar o sinal que nos deixou o Senhor no milagre eucarístico de Lanciano, onde a hóstia transformada em carne resultou ser, segundo diversos cientistas, uma parte do miocárdio, além de ser do mesmo grupo sanguíneo encontrado no Sudário de Turim.

O apóstolo João é o ícone de vida para Carlo.

Detalhe do milagre eucarístico de Lanciano.

Relíquia do milagre eucarístico de Lanciano.

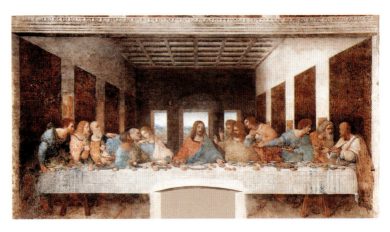

*Leonardo da Vinci, **Última Ceia**. Milão, Santa Maria das Graças.*

Para Carlo, João nos mostra, com aquele gesto, como também nós podemos entrar em intimidade com Jesus, tornando-nos "almas eucarísticas", "almas adoradoras". "É maravilhoso – dizia Carlo –, porque todas as pessoas são chamadas a ser discípulas prediletas como João, basta tornar-se almas eucarísticas, permitindo a Deus realizar em nós aquelas maravilhas que somente ele pode fazer! Porém se requer a livre adesão da nossa vontade. Deus não ama forçar ninguém. Quer o nosso livre amor." Carlo dizia também que este chamado a tornar-nos íntimos discípulos de Jesus, mediante o encontro com Jesus na Eucaristia, é ainda mais evidente no relato da crucificação. De fato, no Calvário, além de Nossa Senhora e das outras piedosas mulheres, estava João, o discípulo amado. Mas aquele sacrifício da cruz acontecido há 2000 anos se reatualiza de modo incruento em todas as Missas que diariamente são celebradas. Desse fato Carlo retira seu ensinamento: como João, também nós podemos associar-nos àquele mesmo sacrifício da cruz e assim demonstrar nosso amor a Deus. Não podemos ignorar o convite de Jesus para unir-nos a ele na Eucaristia. Dizia: "O Senhor nos salvou mediante o seu sacrifício na cruz; isso deve suscitar em nós sentimentos de amor e gratidão infinita".

No âmbito teológico, a espiritualidade de Carlo acentua muito o aspecto sacrifical que não diminui o aspecto comunitário da Eucaristia, mas lhe atribui o justo sentido. Eis como Bento XVI descreve esta dinâmica na *Deus Caritas est*: o amor de quem quer amar de verdade "[o amor por Deus] procura o bem do amado: torna-se renúncia, está disposto ao sacrifício, antes o procura".

Girolamo Siciolante, **Cristo na cruz entre a Mãe e São João.** *Roma, Galeria Borghese.*

Frei Cecilio Cortinovis.

A Obra de São Francisco para os pobres ajuda material e espiritualmente os necessitados e os marginalizados de qualquer etnia e nacionalidade.

Carlo imita João, mas não ignora a dinâmica perversa introduzida por Judas, justamente durante aquela última ceia que continua a dividir o coração dos homens em todos os tempos. Diz: "O dinheiro é só papel que se rasga: aquilo que conta na vida é a nobreza da alma, ou seja, a maneira como se ama a Deus e o próximo". Vive sobriamente, permanece no essencial, não quer ter dois pares de sapatos, discute com o pai e a mãe que querem comprar um segundo. O Padre Giulio Savoldi, capuchinho, recorda ainda quando Carlo doava suas economias para a mesa dos pobres ou para as missões.

Para Carlo era importante imitar "as testemunhas da caridade". Ia ao convento dos Frades Capuchinhos na Avenida Piave de Milão para venerar os corpos de dois santos frades: Daniele de Samarate, que morreu de lepra no Brasil por ter ajudado os leprosos, e o Frei Cecilio Cortinovis, que queria imitar o Padre Daniele, mas foi deixado pelos seus superiores na portaria e daquele lugar oferecia comida aos pobres que batiam na porta do convento. Carlo os considera duas sementes de amor utilizadas pelo Senhor para fazer nascer a Obra de São Francisco, que distribui aos pobres todos os dias 2.500 refeições, remédios e roupas. Diante daquela obra, Carlo não parava de admirar-se e se empenhava em seu sustento, sensibilizando a família e os amigos.

Rumo ao Paraíso

"A conversão não é nada além de olhar para cima em vez de para baixo, basta um simples movimento dos olhos."

Carlo Acutis

Diz-se que a qualidade da morte de cada pessoa reflete a qualidade do que viveu. Carlo é uma prova disso. Quando, em outubro de 2006, fica doente e descobre que tem leucemia fulminante (o tipo "m3"), que destrói os glóbulos vermelhos do sangue mais rapidamente do que o corpo é capaz de produzir, diz a sua mãe no hospital: "Daqui não sairei mais". As palavras que "entrega" como herança a seus pais deixam-nos surpreendidos e comovidos.

Assis.
Crucifixo e altar da Igreja de Santa Maria Maior, ao lado do oratório dedicado a Carlo.

"Jesus deu um forte grito: 'Pai, em tuas mãos entrego o meu espírito'. Dizendo isto, expirou."
Lucas 23,46

"Não eu, mas Deus."
Carlo Acutis

Assis.
O túmulo onde Carlo foi inicialmente sepultado.

"Ofereço todos os sofrimentos que deverei padecer ao Senhor pelo Papa e pela Igreja, para não passar pelo Purgatório, mas ir direto para o Céu". Pede para receber o sacramento da Unção dos Enfermos e quer que estejam perto a mãe e a avó, que passaram aqueles últimos dias no hospital São Gerardo de Monza, sem jamais deixá-lo.

Sabe que sua vida está terminando, mas aos enfermeiros e médicos que perguntam como se sente responde: "Bem. Há gente que está pior". De noite não dorme por causa das dores, mas à enfermeira que lhe pergunta se deseja ter perto a sua mãe, para sentir-se menos sozinho, Carlo diz para não acordá-la: "Ela também está muito cansada e ficaria ainda mais preocupada". O seu coração deixa de bater às 6h45m do dia 12 de outubro de 2006. Inicialmente sepultado no túmulo da família, hoje repousa em Assis.

Um olhar para além da vida

Hoje, sobretudo entre os jovens, na escola ou nas redes sociais, é difícil falar da vida além da morte. Desde que Nietzsche em sua obra, *A Gaia Ciência*, proclamou "Deus está morto!", como se pode pensar em um depois da morte como encontro e como plenitude da vida? Mas aqui não estamos mais diante de uma ideia de um filósofo que condicionou gerações, mas diante da vida de um jovem que coloca em discussão as nossas convicções de não crentes. Se hoje se quer afastar a morte com a estética e a eterna juventude, a vida de Carlo nos ensina a olhar a morte no interior da eternidade de Deus.

"*Quanto mais Eucaristias recebermos, mais nos tornaremos semelhantes a Jesus e já nesta terra anteciparemos o Paraíso*".

Carlo Acutis

Nestas páginas:
Carlo durante as suas peregrinações.

Carlo no Santuário do Milagre Eucarístico de Santarém, em Portugal.

Ostensório que contém a relíquia do Milagre de Santarém.

Nas suas atitudes, no relacionamento com seus colegas, no uso dos meios que possui, Carlo tem claro um aspecto: o bem maior para um jovem não é uma vida longa, um infinito "sobreviver"; o essencial não está em não morrer, mas em viver já uma vida ressuscitada. A eternidade já tinha entrado na vida de Carlo muito antes da sua morte; tinha entrado com a sua vida de fé e com os gestos do amor cotidiano.

A separação também transformou o relacionamento entre Carlo e seus pais, que observam os milhares de sinais que as pessoas contam sobre Carlo. A própria mãe, com muita humildade, reconhece que a vida de fé de Carlo transformou a vida da família, fazendo-a reaproximar-se da fé. Para a mãe, o filho Carlo "foi um salvador". Na verdade, também podemos considerá-lo um intercessor. Quatro anos depois da sua morte, os genitores de Carlo tiveram gêmeos, Francesca e Michele. A força que os pais de Carlo recebem afunda suas raízes no testemunho da Igreja, que na história testemunha antes de tudo como o Senhor ressuscitado nos acompanha e nos salva não da morte, mas na morte. Por isso sabem que "entregar" um filho a Deus significa colaborar com um projeto divino, que o chama a oferecer a sua vida na Igreja pelo mundo. Tudo isso não reduz o sofrimento e não é nem mesmo uma forma de compensar a sua ausência terrena, mas simplesmente realça o bem que o testemunho de Carlo está trazendo.

Na Carta Apostólica *Salvifici doloris*, João Paulo II, comentando uma passagem de São Paulo, afirma: "Aquele que sofre em união com Cristo completa com seu sofrimento aquilo que falta aos sofrimentos de Cristo [...]. Cristo em certo sentido abriu o próprio sofrimento redentor a cada sofrimento humano" (n. 24). Nesse sentido, agora, também a morte de Carlo, é o fim da contingência humana e o início de um relacionamento novo, não mais espaço-temporal, com o mundo, na espera da salvação final.

Carlo no Santuário de Verna.

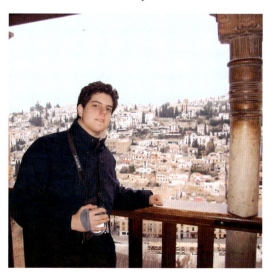

Carlo em Granada.

Claro, o que expomos é uma interpretação feita com os olhos da fé. Mas, se não fosse assim, como interpretar os milhares de *e-mails* ou de contatos que toda semana chegam à família

Carlo em Lisboa.

para testemunhar uma presença de Carlo que ultrapassa sua morte? O exemplo de Carlo já é considerado em muitas dioceses italianas um símbolo dos centros juvenis e centros vocacionais. Mesmo no Brasil, no período de preparação para a Jornada da Juventude de 2013, muitos foram aqueles que o propuseram como modelo de inspiração.

Peguemos dois exemplos. Em outubro de 2011, um jovem pároco da diocese de Cartago, na Costa Rica, escreve à mãe de Carlo: "Quero contar-lhe, cheio de alegria, como conheci seu filho. No início de setembro de 2011, sonhei que um adolescente, com um grande sorriso, veio ao meu encontro no lugar onde atendo confissões e me disse: gostaria de conhecer todos os teus amigos. Eu lhe pergunto: por quê? Ele me responde: para contar-lhes o que Deus fez por mim. Depois desaparece da minha vista. O sonho repetiu-se três vezes. Não encontrava explicação! Dizia para mim mesmo: Deus me dará uma resposta. Assim, no dia 21 de setembro (em que a Igreja recorda o chamado de São Mateus), visitando o centro de pastoral vocacional da minha diocese, vejo uma fotografia de Carlo Acutis. O mesmo jovem que me visitara nos meus sonhos! Assim os meus olhos se encheram de lágrimas e o meu coração de uma paz e de uma alegria que não posso explicar. Depois li a vida de Carlo e então tudo ficou claro". Acrescenta: "Logo nasceram numerosos testemunhos e curas milagrosas".

Um homem de negócios conta: "Domingo passado (22 de abril 2012) visitei a Igreja de São Frediano em Cestello, em Florença, e fiquei impressionado com a imagem de Carlo que parecia estar à minha espera... Não pude deixar de aproximar-me para ler a história triste e luminosa de um adolescente a quem 'bastaram' apenas 15 anos de vida para deixar um sinal indelével sobre a terra [...], passarei a visitar o túmulo onde repousa Carlo apenas para agradecer-lhe por tudo o que me tem oferecido".

Além disso, a vida de Carlo está questionando o coração de seus coetâneos. Um adolescente escreveu em seu blog: "Depois de conhecer a história dele é impossível não se questionar sobre como vivemos a nossa vida de fé, justamente porque não temos a desculpa de ser uma figura distante, de outros tempos". E depois acrescenta: "Mas eu onde estava nessa época, o que fazia? [...] Esse cara nasceu depois

Carlo em Assis.

"Não o amor próprio, mas a glória de Deus."
Carlo Acutis

de mim, morreu primeiro e olha aonde chegou!". Nas numerosas cartas que chegam à família não faltam testemunhos de conversões e também casos de curas que, porém, deverão ser atentamente analisados pela Igreja.

Muitos sacerdotes o consideram o Domingos Sávio dos nossos tempos. Também esse aspecto parece um sinal. Carlo era de fato muito próximo da figura de Dom Bosco, visita os seus aposentos em Turim mais de uma vez, guarda com cuidado um seu famoso ensinamento: "O ócio, diz o Espírito Santo, é o pai de todos os vícios, e a ocupação os combate e vence a todos". Padre Enrico Dal Covolo, na sua recordação de Carlo publicada no *L'Oservatore Romano* no dia 17 de outubro de 2007, cita um ensinamento de Dom Bosco vivido por Carlo: "Sê sempre alegre; faze bem os teus deveres de estudo e de piedade; ajuda os teus companheiros".

Sente Maria próxima. Reconhece-a como a bendita entre as mulheres. É fascinado pelas histórias das aparições de Lourdes e de Fátima. Visita esses lugares com seu pai e sua mãe e mostra aos amigos os vídeos dos santuários que descrevem a vida de Bernadete ou dos três pastorzinhos de Fátima. Medita as palavras que Nossa Senhora dirige a Bernadete, e depois aquelas a Lúcia, Jacinta e Francisco, e se pergunta o que significam para ele. Fica muito impressionado com a narrativa dos três pastorzinhos sobre a visão que tiveram do inferno cheio de almas e sobre o fato de que uma amiga deles, que morrera há pouco, permaneceria no purgatório até o fim dos tempos. Decide rezar o Rosário todos os dias, com as ora-

Carlo diante da estátua que recorda a aparição do anjo aos pastorzinhos de Fátima, em 1916. Aqui o anjo convidou os pastorzinhos a reparar as ofensas feitas à Eucaristia. Carlo foi tocado por esse apelo e pelas palavras de Nossa Senhora aos videntes: "Muitas almas vão para o inferno porque não há quem reze e se sacrifique por elas". Esses apelos foram motivo de incentivo para Carlo rezar ainda mais.

Carlo dizia que o verdadeiro testamento espiritual que o Papa João Paulo II nos deixou é o apelo para colocar no centro da nossa vida e, portanto, da Igreja, o amor à Eucaristia e à Virgem Maria: o próprio Dom Bosco, no seu famoso sonho, descreve a Eucaristia e Nossa Senhora como as duas colunas onde deve ancorar-se o barco da Igreja.

ções sugeridas por Nossa Senhora. O Rosário que reza diariamente inclui a oração ensinada por Maria, no dia 13 de julho de 1917, aos três pastorzinhos de Fátima: "Meu Jesus perdoa as nossas culpas, livra-nos do fogo do inferno, leva todas as almas para o céu, especialmente as mais necessitadas da tua misericórdia". Através da oração do Rosário quer oferecer o seu dia pela salvação de todas as pessoas. Ajudando-o

à distância está o Papa João Paulo II, que havia proclamado o ano do Rosário (2003-2004) e o da Eucaristia (2004-2005), pouco antes de morrer. Carlo dizia que com a proclamação desses dois anos dedicados a Maria e ao sacramento da Eucaristia o Papa João Paulo II nos deixou o seu verdadeiro testamento espiritual e a sua mais importante herança. Para Carlo, a Eucaristia e a Virgem Maria, como no sonho de Dom Bosco, são os pilares sobre os quais deveria apoiar-se a vida de todo cristão.

A sua herança

Carlo deixa uma dupla herança. Antes de tudo a da sua vida e do seu amor por Jesus, que a mãe Antônia resume com estas palavras: "Desde pequeno e, sobretudo após a sua primeira Comunhão, Carlo nutria uma amizade pessoal com o sacrário a quem se confiava. Por isso, jamais faltou ao encontro cotidiano com a Missa, o Rosário e a adoração Eucarística".

Durante uma estadia em Santa Margherita Ligure, pouco antes de morrer, diz a sua mãe: "Quero ser padre". Ela, porém – que o havia visto rezando a Missa quando pequeno – lhe responde: "Isso não sou eu quem pode decidir".

A outra grande herança de Carlo é a exposição na qual recordamos os milagres eucarísticos. Em 2002, visitando as exposições de *Encontro* em Rimini, Carlo sente-se inspirado a

Francisco Robbio, **Santa Missa de Bolsena**. *Milão, Museu Diocesano.*

Igreja de Santa Cristina, em Bolsena: o altar com a vitrine contendo a mesa de mármore manchada com o sangue do "milagre eucarístico".

Basílica de Santa Rita de Cássia, onde se conserva a relíquia do milagre eucarístico de 1330.

Relíquia das páginas do livro onde uma hóstia consagrada foi deixada por descuido de um sacerdote, que a deveria levar a um doente. A hóstia se transformou em um coágulo de sangue que manchou as duas páginas do livro.

montar uma exposição sobre os milagres eucarísticos aprovados pela Igreja. Um trabalho exigente, que também envolve seus pais por cerca de dois anos e meio. A primeira exposição foi organizada na Basílica de San Carlo al Corso, em Roma. Sucessivamente é montada em países de todos os continentes. O site na internet <www.miracolieucaristici.org/> os descreve perfeitamente: 142 painéis que explicam em detalhes os vários milagres eucarísticos acontecidos em 17 países, desde o de Lanciano aos de Escorial, de Daroca a Bolsena etc.

Os efeitos espirituais produzidos pela exposição eram imprevisíveis. Muitos párocos pedem para recolher a exposição num catálogo; o prefácio da exposição foi confiado ao Cardeal Angelo Comastri, Arcebispo da Basílica Papal Vaticana e Vigário-Geral de Sua Santidade para a Cidade do Vaticano e ao S.E. Bispo Raffaello Martinelli, então chefe do Ofício Catequético da Congregação para a Doutrina da Fé. A partir daquele momento, a exposição, se é lícito dizer visto os resultados, "começa a fazer milagres". Foi exposta nos cinco continentes. Somente nos Estados Unidos, graças à ajuda dos Cavalheiros de Colombo, da "The Cardinal Newman Society" e da "The Real Presense Association and Education", com o patrocínio do Cardeal Edmond Burke, foi acolhida em milhares de paróquias e em mais de cem Universidades. Foi promovida ainda por algumas conferências episcopais, entre as quais a filipina, a argentina, a vietnamita etc.; por fim chegou à China. No Santuário de Fátima, foi exposta por ocasião do centenário de Francisco Marto.

Enfim, o sinal de Carlo continua a ser notícia nos principais jornais nacionais e diocesanos; também a transmissão de *A sua immagine* [programa de conteúdo católico da TV Rai 1], que foi ao ar no domingo, dia 3 de julho de 2011, lhe dedicou um episódio (que se pode rever no site <www.carloacutis.com>) por ocasião da preparação do Congresso Eucarístico Italiano.

Outro fenômeno incessante é como a figura de Carlo foi adotada por muitas dioceses italianas e do exterior, assim como por alguns movimentos eclesiais, como modelo para os jovens. Dom Domenico Sorrentino, bispo de Assis-Nocera Umbra-Gualdo Tadino, no dia 27 de setembro de 2009 inaugurou o primeiro oratório de Assis dedicado a Carlo.

Enfim, uma sinfonia de vozes e testemunhos que não se conhecem

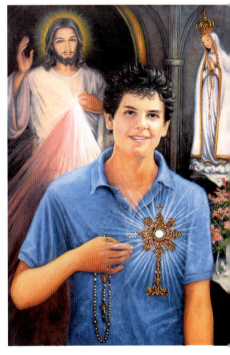

O quadro que acolhe os jovens no interior do oratório de Assis.

Entrada do oratório dedicado a Carlo, em Assis.

"Só depois disso, na terra ela [a inteligência] apareceu e com os homens conviveu."

Baruc 3,38

entre si e que estão levando avante, cada um a seu modo, "a fama de santidade" que a Igreja poderia reconhecer com o tempo, graças ao Evangelho da sua vida que Carlo nos deixou escrita. Vidas como a de Carlo despertam a nossa consciência, com frequência adormecida pelo cotidiano, para levantar o olhar e admirar o horizonte da vida no ponto no qual a linha do fim deixa espaço à vida que existe além do limite.

Na Bíblia está escrito: "As estrelas brilham alegres cada qual no seu lugar. Deus chama e elas respondem: 'Pronto!', brilhando com alegria para aquele que as fez" (Br 3,34-35). Continue a brilhar de alegria por nós, Carlo.

Em novembro de 2012, o Cardeal Arcebispo de Milão deu início aos atos preliminares para postular a Causa de Beatificação do Servo de Deus Carlo Acutis.

O Papa Francisco declarou-o bem-aventurado no dia 10 de outubro de 2020, em Assis, na Itália. A canonização acontece em 2025.

Para ti, Carlo

*É o momento
de romper o silêncio
para dizer-te que a tua vida
é um dom também para a nossa.*

*Viveste como um raio de sol,
"um relâmpago da vida do Senhor",
que iluminou a história.*

*Fiel à oração e à Eucaristia,
pronto para ajudar quem tivesse necessidade
generoso para colocar a serviço as próprias capacidades.*

*Esperanças e medos pela tua doença,
inquietações e certezas depois da tua partida,
os dias de espera para poder encontrar-te de novo.*

*Onde estás, depois de ter ultrapassado a fronteira?
Com quem estás, depois de amá-lo tanto assim?
Em muitos lugares da terra se fala de ti.*

*Ajuda-nos a crer,
guia os teus coetâneos que crescem no coração,
segura a mão de quem precisa de ajuda
espiritual e material.*

*E quando a caducidade do tempo
nos afligir e as noites se prolongarem
intercede por nós, Carlo.*

*Quem te gerou
continua a ser para nós
esperança certa de salvação
que se deixou crucificar por amor.*

F.O.

Sumário

Introdução
Um sinal de esperança 3

O extraordinário no ordinário 4

O caminho de Carlo 6

Alguns traços da vida de Carlo 10

"A Eucaristia é a minha autoestrada para o céu" 20

O Apóstolo João, ícone de vida para Carlo 29

Rumo ao Paraíso 33

Um olhar para além da vida 35

A sua herança 43

Para ti, Carlo 47

Para informações:
carloacutis.com
miracolieucaristici.org